Floarea albă
de cactus

Aforisme şi anedocte

ANNA ZOLTÁN

CUPRINS

ANNA ZOLTÀN

Sunt o floare albă de cactus căzută din paginile cărții de anatomie, în buzunare cu o mie tablete nutritive pentru spirit.

A. Z..

CUVÂNT ÎNAINTE

Anna Zoltán, omul în halat alb, își pune și în poezie, și în viață, costumul sensibilității, al profunzimii, al adevărului. Având o profesie atât de umană iubește oamenii, se apropie de suferințele lor, dar iubește și literatura. Poetă și prozatoare încearcă aproape toate genurile literare; scrie proză, anecdote, proză științifico-fantastică., piese de teatru. Chiar și un roman polițist. Dar ceea ce o reprezintă cu adevărat sunt poezia și panseurile, cele din urmă ca o chintesență a înțelepciunii și maturității sale poetice.

Pe scriitorii contemporani, într-o epocă dominată de sentimentul absurdității vieții și al neliniștii existențiale îi preocupă mai puțin „beteșugurile" ființei umane. Alții caută rădăcina răului în condițiile sociale. Aforismele, cugetări, sau maxime, sunt produsul gândirii libere, uneori revoluționare, în luptă cu prejudecata îndărătnică și reacționară. Sunt reflecții grele de conținut, în care se precizează o poziție filozofică sau o atitudine de viață, în formele artistice ale coinciziunii sau ale exprimării figurate și sugestive.

Culegeri de maxime au apărut, numeroase, în diferite momente ale istoriei literare. Ironice sau amare, exprimate simplu sau alambicat, după cum o cerea prudența față de cenzura bisericii sau regimurile țărilor respective.

1

Aforismele Annei Zoltán, cu titlu metaforic "Floarea albă de cactus", cuprind o tematică bogată despre adevăr, destin, gând, iubire, suflet, geniu, medicină, timp, valoare etc. Unele sunt preocupări firești de surprindere și definire a însușirilor umane, altele general valabile, majoritatea sunt aduse în actualitate. Citindu-le, avem în fața ochilor tabloul problemelor asupra cărora autoarea a zăbovit, preocupări vechi sau noi, ele oglindesc omul, luminându-l din toate unghiurile, dezvăluindu-i fața invizibilă. Autoarea îmbină cugetările cu conținut psihologic sau educativ, cu o serie de definiții și idei colectate din psihologia teoretică. Cititorul poate extrage multe adevăruri utile în viață, filtrate printr-o mai adâncă cunoaștere a propriei persoane și a semenilor săi.

Aforismele Annei Zoltán îndeamnă la meditație și efort de perfecționare umană, fiind o lectură agreabilă. Unele sunt scrise sub forma definițiilor: „Medicina: O ramură verde pe capul unui crocodil alb, din gâtlejul căruia Hipocrate îi pescuiește pe cei salvați…", sau a unei scurte povești cu tâlc a cărei concluzie este o maximă, o cugetare: „M-am pensionat, dar în medicină nu depui armele până nu închizi ochii. M-am mutat pe ogorul spiritului… Ce ziceți, în sectorul acesta se găsește de lucru?", ori altele prin asociere de termeni contradictorii: „Adevăru-i un boboc de floare pe care timpul îl deschide… Surori siameze: prostia și bârfa…". Pline de vervă, de ironie, de sarcasm chiar, sunt expresia unei gândiri profunde, sănătoase, a unui fin psiholog, fin analist, penetrant al fenomenului studiat, a unei bogate experiențe de viață.

Rodica Opreanu

AFORISME

ADEVĂR

1. – Adevăru-i un boboc de floare pe care timpul îl deschide... Surori siameze: prostia și bârfa.

2. – Drumul adevărului este pavat cu întrebări.

3. Pământul este imens și rotund ca o pâine coaptă cu sare, după merit și lumină, mănânce din ele fiecare.

4. Nu urcați pe nimeni în „slăvi prea înalte", nu văd modul cum veți mai ajunge la el!

5. De cel ce poartă „coroană" nu râde oricine.

6. Fii atent, nu tot ce spui îți luminează chipul.

7. Nu cel ce sosește primul aduce și ploaia.

8. Nu poți goni sărăcia ta cu vorbe goale și pietre, trebuie să fabrici bani.

9. Am spus întotdeauna că atunci când copiii au insomnii sunt de vină adulții!...Cineva a scris un cântec:„Lumea parcă-i mai bună când visează copiii".

COTIDIENE

10. Dacă devii unitate de „măsură" în realitățile vieții, privește-te în oglindă atent, cu toată seriozitatea și gravitatea. Nu ți se ia de pe umeri greutăți, ci ți se adaugă.

11. Soțul meu e dascăl de profesie. Sper că fiecare așijderea nevastă știe ce înseamnă o asemenea mitralieră verbală în casă... Azi, însă, a mâncat un fagure în care era o albină vie și l-a înțepat... vai, unde credeți?... în limbă!

12. Doamne, aproape tot a zecea femeie a scris un roman de dragoste, povestindu-și viața, un poet zevzec le sfătuiește pe cele mai chipeșe să le apară pe prima pagină neapărat poza.

13. Un bărbat își abandonează prima iubire pentru alta mai cu pungă. Aceasta îi cumpără de toate: o motocicletă, o haină de piele și o pereche de pantofi, marca Guban, o frumusețe!... Când să-i încalțe, în ziua nunții, nu reuși... călcase, cu o zi înainte, pe plajă, pe un cocean de măr, pe care tocmai poposise o albină.

14. Moda-i o mină ce te dezbracă de rochia splendidă de azi pentru a îmbrăca rochia fermecătoare de hârtie, un portmoneu veșnic deschis și pentru creator zilnică pâine.

15. În fața unei primejdii mediocrii țipă, proștii se-neacă iar deștepții înoată.

16. O haină clasică inspirată are menirea de a străbate cu fruntea sus timpul de la minus infinit la plus infinit.

CALITATE

17. Calitatea nu intră în competiție cu truda prefacerilor, o ai din start.

CARACTER

18. Nimeni nu-i mai justificat a intra în posesia moștenirii părintelui său decât fiul: Ea poate reprezenta un imbold? Sau un blam, pe care descendentul îl poate plusa ori leza?

19. Există oameni care te pot umple de păcate fără să le comiți. Sunt cei ce-ți răpesc sufletul prin delicte și ți-l pot restitui mutilat. „Câinii" n-au pălărie să salute și-și fac loc cu dinții.

20. .Luciditatea și bunul simț sunt două calități, atât de necesare omului, întocmai celor două picioare pe care se mișcă.

21. .Suportă consecințele legii doar săracul... căci banul este o apă ce spală toate păcatele.

22. Oamenii rămași fără lucru s-au refugiat în boală; există și boli incurabile... Este necesar să se precizeze diagnosticul.

23. Cu buzunarele pline toate drumurile duc spre „Roma".

24. Nu credeți însetatului că a întors capul în fața izvorului.

25. Păcătoșii și escrocii n-au echilibru, caută cu aviditate ființe să le ușureze tensiunea. Cinstit rămâne doar omul sărac spre care n-au de ce-și îndrepta pașii escrocii.

26. Vorbele sunt vorbe, faptele sunt fapte. De vrei să știi cât te iubește cineva, cere-i un lucru de preț și vei afla îndată.

27. Numai „Dumnezeu" viețuind în om are putere să ierte; „Diavolul" scoate pistolul și trage.

28. Ați văzut oameni pe care să-i doară frumosul? Dacă da, vă rog să aveți încredere în viață, pentru acest gen de oameni merită să trăiți.

29. Nu trăiți în umbra morților, vă vreau vii și mai ales cu „pălării de soare pe cap".

30. Așa spun eu: toată lumea are doi ochi, eu am trei... Vă

pipăi gândurile, dragii mei prieteni, vă rog nu muriţi în mâinile mele, mergeţi câţiva centimetri mai încolo.

31. Prestigiul nu-l dobândeşti lovind în aproapele tău ci în puterea de a împărţi cu el o pâine.

32. Purificarea etnică este o bombă pentru omenire iar mânuitorii ei sunt canibalii ce se hrănesc cu sânge.

33. Şarpele invidiei are în loc de minte clopoţei iar drept suflet o pungă cu venin.

DISCORDIE

34. Să vă spun eu în ce carte moare şarpele invidiei, discordiei?... În Vin ploile de L. Bromfield, în carul tras de boi sacri, cu coarne aurite, la picioarele a două doamne: regina Maharani şi spălătoarea-bucătăreasă, mătuşa Fhobie.

DIPLOMAŢIE

35. Poţi preţui căldura iubirii când nu o mai ai.

36. Pentru a-ţi impune voinţa: câţi mai puţini deştepţi în jurul tău şi o mulţime de executanţi destoinici.

37. Periuţele „te perie", ce-i drept cu îndemânare, numai că nu uită prin frecare să-ţi jupoaie şi „pielea".

38. Dar să tăcem, nu se ştie care din cei doi „bureţi" bea apă.

39. Există mulţi tineri care se laudă cu „capul" şi-ţi arată palmele fără bătături, pornind, chiar, de la aproape nimic. Nu cred în asemenea socoteli... pe vremuri îi mai întrerupea frumos comisariatul, cu câte o concentrare şi le susţinea echilibrul cu câteva atele sănătoase.

40. Cum să împaci pe toată lumea? Precum o piatră ce se plimbă printre ouă, fără să ciocnească vreunul!...

41. ...Vedeți voi, cei cărora vă place să mirosiți numai parfumuri alese și să vedeți numai crânguri înmiresmate, păstrați un moment de considerație pentru chirurgii pe care datoria îi obligă a se apleca asupra unor boli ce-ți intoxică respirația și-ți torturează mirosul...

42. În fiecare ființă doarme îngerul și tiranul, trebuie să te străduiești să ții îngerul în permanență treaz.

43. Unii polițiști pot face din coloana vertebrală a unor nevinovați scaune comode în care să se așeze și dobândi pâinea.

44. Se naște democrația, un copil al cărui buric nu va rămâne netăiat; mai mult de 20 de partide dorm cu foarfecele sub pernă.

45. Luați aminte, cei cărora li se taie creanga de sub picioare se transformă în vipere pe sol.

DEFINIȚII

46. Medicina: O ramură verde pe capul unui „crocodil alb" din gâtlejul căruia Hipocrate pescuiește pe cei salvați.

47. Agricultura: Falca plină de sevă ce coace sub soare liniștea stomacului.

48. Presa: Spaghete de hârtie și plumb în gura consumatorului la masa timpului.

49. Scrisorile: Frunze calde sau reci, palmate, picate pe masa întinsă a sufletului, ce așteaptă.

50. Știința și tehnica: miliarde de ipoteze și întrebări febrile depănate de pe circumvoluțiile cerebrale până la dimensiunea atomului.

51. Poezia clasică-i o matrice exactă măsurată de ritm și rimă, în care poetul își toarnă fluidul creator. Ca o pendulă de ceasornic de la o coastă la alta sună vocea poetului.

52. Poezia albă e un fluviu, o orchestră amplă cu întinderi imprevizibile, dictată de melodia interioară a creatorului modelator liber de metafore și idei, fără a se poticni în limite...

53. Inima e o scoică de aur pe care se grevează sentimentele vieții, situată undeva la-ncrucișarea de tristeți și bucurii, în sp. V intercostal stg. linia medio-astrală.

54. Gândirea-i ca lama unui cuțit, uneori te poți tăia în ea.

DESTIN

55. Fără forța cuvântului am fi fost și astăzi plini de păr, căci numai prezența numerelor n-ar fi reușit decât să ne incoloneze.

56. Cu puterea înzestrării poți să spui oricui: Treci în spatele meu.

57. Bancherilor ce uită de unde au plecat, merită să le arăți, din când în când în când, și sabia comunistă a lui Damocles.

58. Copilul, cel ce îmi rotește încă o dată sfera ființei în fața universului.

59. Unele lucruri le auzim și cu „membrana" fără să ne șoptească nimeni, atunci când genele noastre aduc, ca pe o bandă rulantă, informația în fața „geamului".

60. Fiecare ființă-i un mesager al lui Dumnezeu pe pământ precum fiecare floare are culoarea sa în armonia existenței.

61. De la miere pân' la fiere sunt trei pași: iubirea, durerea și banul.

62. Timbrul personalității se numește Karma...

63. Ochiul magic prin care vedem și percepem, reflectăm viața, se numește Karma.

64. Karma este perceptibilă doar în straturile superioare ale

elevaţilor.

65. Dumnezeu întinde mâna şi prin intermediul celor din jur. Nu întoarceţi capul...

66. Când nu eşti născut pentru „adâncuri", zadarnic te adânceşti „în mare" tot nu te întorci în mână cu mărgăritare.

67. Planta „înaltă" îşi anemiază singură buruiana de la rădăcină.

68. Fetei care este cerută în căsătorie de mai mulţi deodată îi creşte preţul şi riscă să rămână nemăritată.

69. Când îşi dispută dreptul asupra ta mai mulţi, îţi poţi păstra independenţa, rechinii se mănâncă între ei.

70. Italianul are o inimă „mare", o minte ascuţită, poartă în suflet soarele veseliei şi în urechi sunetul muzicii.

71. Oamenii valoroşi se cumpără ieftin, pentru cine ştie ce capriciu ce-i poate bucura, în timp ce omul simplu îţi cere ce-i lipseşte.

72. Greutatea „tronului" e masivă, nu tu îl apeşi pe el, ci el te „apasă" pe tine: vezi bine, în el nu poate sta oricine.

73. Ah, „platoşa singură" după care se pot spune secretele numai pe patul de moarte!

74. Trebuie să poţi şi dincolo de moarte.

75. Omului nu-i place să vorbeşti de prăpastia ce-l aşteaptă parcurgând un drum greşit, preferă să pice singur optimist în ea, tocmai în clipa, în care i se pare că a atins cu mâna bolta cerească.

76. Egoistului i se cere să plece la război, pentru a-şi dărui viaţa patriei şi fericirii poporului. Ca să nu o dăruiască altora, hotărî să şi-o ia singur, se spânzură!

77. Abia atunci începi să devii ceva când îţi dai seama cât eşti de „mic".

78. Omul deştept are razele X în „priviri", vede de la distanţă ieslea prostiei la care vrei să-l legi.

79. În jurul unui preşedinte sau rege pendulează în permanenţă moartea ca limba unui ceasornic... în timp ce omul de rând doarme liniştit precum o brazdă întoarsă.

80. Cel ce locuieşte singur se învârte în jurul propriului său spirit precum pământul în jurul soarelui.

81. Sinceră, am cumpărat flori pentru alţii, dar am rămas cu ele în mână Eu!... să fie ochiul lui Dumnezeu?!...

82. Şira spinării nu te doare când cari o „lumină" ci atunci când cari o piatră.

83. Dumnezeu şi-a ales seminţele când le-a pus la încolţit. Nu poţi ocupa cu succes numai scaunul ce ţi-a fost hărăzit.

84. Bogăţia materială nu-ţi adaugă carate „verighetei", dar îţi poate în schimb umple stomacul.

85. Doamne, ai umplut ulciorul meu cu aceeaşi generozitate cu care m-am revărsat pentru semeni.

EUROPENIZARE

86. Dumnezeu încălzeşte Terra.

87. Ţările Balcanice au fost numite „Butoiul cu pulbere al Europei", dar iată, că butoiul are o fisură şi pulberea fierbinte „fuzionează" spre Germania, ţările nordice: Danemarca, Suedia, Norvegia. Eu zic că-s necesare câteva „grame" şi la Polul Nord...

88. Fata descinsă din doină şi baladă, purta adidaşi Torşăn şi o geacă made in S.U.A.... Îl privi pe actor în ochi şi-i puse întrebarea răspicat:

89. Şi totuşi, nu v-aţi gândit deloc, când v-aţi ales meseria de actor, că nu-i rentabilă?...

90. Nu, răspunse actorul, n-am avut timp, am răspuns chemării sărind ca într-un lac, cu capul înainte.

91. Se zvonește că se va înființa Europa unită, cu o monedă unică... Foarte bine, când oamenii nu mai au ce împărți încep să se înțeleagă.

GÂND

92. Computerul a preluat o mare sarcină de pe spinarea omului, dar mașina nu își va depăși stăpânul, rămîneți deci în dreptul Gîndirii ca la umbra sănătoasă a unui Copac.

93. Cei ce nu ne caută și nu ne văd, nu înseamnă că ne-au uitat, adesea gândul lor, ca o lumină călătoare, se propagă spre noi cu toată unda de căldură, sau răutate.

94. Cel ce-ți vorbește: ți se poate adresa cu o undă de lumină, ți se aprind „lămpile", deschide ochii! Ți se poate adresa din „vârful degetelor" și asta înseamnă ironie, întoarce capul... Ți se poate adresa cu căldură topindu-ți indiferența și atunci, dacă poți, salvează-ți inima.

95. Lozinci fără noimă: „Noi muncim, noi nu gândim", „Noi gândim, noi nu muncim", două palme pe obrazul unei nații, a căror sumă este egală cu zero, fiindcă de fapt, nu există cap fără gândire și nici corp fără muncă! Și după câte simțim, cele două părți le avem supraetajate inseparabil.

96. Atâta timp cât mai trăiește cineva din cei ce ne-au cunoscut și reținut chipul, nu suntem morți, trăim...

97. Trimiteți la culcare copiii la timp și rămâneți dumneavoastră ultimii să stingeți „lumina", nu inversați lucrurile, fiindcă „lumea parcă-i mai bună atunci când visează copiii".

98. N-am de gând să semăn hectare întregi de cuvinte, mă voi concentra într-un „dinte", cititorul să mă țină minte.

99. Omule, te-ai născut liber, ți-e stăpân doar cel ce-ți e superior! Și o să-mi răspundeți că și banul are pălărie!

100. Dumnezeu este gradul superlativ în evoluția omenirii prezent pretutindeni.

101. Fără o femeie te simți pustiu într-un palat și bogat într-un bordei...

102. Lumea a fost concepută cu ajutorul iubirii. Ura-i un venin ce intoxică plămânul celui ce-l secretă.

103. Primul creator de viață-i Dumnezeu plăsmuind omul iar al doilea femeia multiplicându-l.

104. Bucurie certă, constatarea că ființa din fața ta nu-ți e străină.

105. Sentimentul e o „busolă" ce-ți indică ora exactă a unor potriviri de caracter și asemănări.

106. Cine își amintește de iubiri trecute cu prezentul la braț e un om terminat!

107. Entuziasmul e făclia ce ne ține coloana vertebrală pe verticală.

108. Da, ai nevoie de „aplauze", nu poți străbate deșertul fără apă.

109. Lângă tulpina bogatului înfloresc și urzici otrăvitoare...

110. Fiecare urcă și coboară dealul propriei sale vieți lăsând în vârf o piatră albă sau neagră.

111. Nu vă îndepărtați de cei apropiați ce vă pot fi reazem, destinul uman se împletește armonios numai din fire naturale, nu de nailon.

112. Cei ce vorbesc aceeași limbă profesională sunt rude de sânge profesional. Se cuvine să se respecte și să se înțeleagă.

GENIU

113. Geniul, din punct de vedere biologic și psiho-somatic este adesea un păgubit dacă nu un suferind.

114. Nu forțați inteligența cu note false, este receptivă numai la noblețe.

115. Geniul este un far care arde cu propriul sânge, în fața lui se-ntinde farfuria și rar se-nchină pălăria.

116. Creatorul are nevoie de singurătate, ca peștele de apă, dar hrana și-o ia din societate.

117. Nemurirea nu o cucerești când îți slăbesc puterile, ci atunci când soarele îți stă deasupra capului, la zenit.

118. Dialog: Între două capete luminate, spiritul e bumerang cu ambele capete ascuțite.

119. Se întunecă numai mințile luminate și nu invers.

120. Nu-i ușor să scrii maxime celebre, gândiți-vă, a scris și Napoleon și nu mai mult de opt.

121. Perechea geniilor bune este întotdeauna un duh sfânt.

122. Alături de cei ce vor să facă bine pune umărul Dumnezeu.

123. Înțelepciunea nu-i o boală molipsitoare, este un dar ce nimeni nu ți-l poate lua.

124. Iată că există și imbecili care se împiedică în praful de sub talpă, când e vorba să deschidă poarta, să răsară „soarele"!

IUBIRE

125. Iubirea e o punte invizibilă sublimă ce unește două suflete ce-și seamănă.

126. Când în sufletul unui bărbat intră alt picior de femeie, acestuia îi cresc coarne de „melc" cu care își împunge nevasta.

127. Nu-l plânge pe acela ce pleacă de lângă tine în zile-nsorite, ci pe acela ce vine prin geruri cumplite.

128. Respectați clipa, cu capul descoperit, când în cenușa

inimii se scufundă o iubire ce pleacă.

129. Este important ca omul de lângă tine să fie o paralelă dreaptă, te poți sprijini la nevoie.

130. E ușor să fluturi batista roșie în semn de iubire de pe cealaltă parte a malului.

131. Și totuși, iubesc omul... cu două inimi pe cei ce nu-i cunosc și numai cu una pe cei ce-i știu.

132. În iubire, îngerul nu iese în întâmpinarea „diavolului".

133. Sub razele spiritului înflorește iubirea.

134. Iubirea dominată de simțuri e un pahar cu miere în care albina spiritului de îneacă.

135. Vino, deci iubire și colorează-mi petalele, picură rouă în suflet și lumină în gând.

136. Oare într-adevăr acești doi „parteneri" se „întâlnesc" sau mai degrabă se ciocnesc?!

137. Din lacul compasiunii, al milei, nu răsare niciodată floarea iubirii. La rădăcina ei se scutură admirația.

IRONIE

138. Avionul Parlamentului înclină într-o parte, nu poate zbura. Ei, cum o să zboare, când are două aripi inegale: aripa tânără, ușoară în experiență, din zinc... și aripa bătrână, „încărcată", din plumb. Eu zic să amestece zincul cu plumbul, poate va pluti în linie dreaptă.

139. Fiica mea m-a părăsit, și-a luat o unealtă și a ieșit pe o pajiște verde... în penuria asta de picior în brazdă! Am vrut să o urmez, dar nu m-a primit: „Rămâi pe pajiștea ta albă. Și creionul e o unealtă și pagina ta o pajiște care poate înflori".

140. De câte ori îi lustruiești pe alții, rămâi în brațe cu un morman de cârpe.

141. Pe baricadele revoluției e întotdeauna inima și corpul revoluției, capu-i undeva după perdea sau eventual la tribună.

142. În prima linie intră întotdeauna „inimoșii", „cerebralii" se urnesc mai greu și dacă se poate cu precizie.

143. Sunt o păpădie ușoară, una-două mă ridic în slăvile albastre. Noroc cu ginerele meu care mi-a atârnat cadou un medalion greu de metal, care să mă aducă urgent cu picioarele pe pământ.

144. Când bărbații și-au lăsat părul lung, femeile n-au rezistat în duel, părul și-au tuns... eu îmi păstrez părul lung și presimt că o să-mi crească și un corn pentru împuns.

145. În iubire trebuie să fie o armonie perfectă și sincronizare... „dacă unul plutește", celălalt trebuie neapărat să vâslească.

146. Tăvălugul datoriei a nivelat piscurile luptei interetnice. Sub pălăria datoriei oamenii o să înceapă să se înțeleagă ca frații.

147. Caritasul clujean este o malarie ucigătoare pentru echilibrul societății, produsă de țânțarul anofel al bișniței cu burta plină de bani, care suge hematia încrederii în viață a cetățenilor onești.

Două variante:

a. O muritoare de rând nu poate auzi SOS-ul culorii emis de un artist, „n-are urechi", drept pentru care Van Gogh și-a tăiat una, trimițându-i-o iubitei sale în plic.

b. Alții zic că Van Gogh era libercugetător și că nu putea suferi reminiscențele animalice la om: păr, urechi și că nu e de mirare că și-a tăiat una, putea să și le taie pe amândouă.

148. Trandafirii când nu vor să înflorească în vază, e recomandabil să-i scufundăm nițel cu vârful cozilor în apă clocotită. Oare pe cei ce nu vor să muncească în ce fel de apă e necesar să-i scufundăm?

149. Un „rege" nu-i numai plăcere, ci și multă durere; mereu

în capul mesei, tată pentru toţi, cu pedeapsa şi sfatul pe limbă. Neavând dublură nu-l schimbă nimeni pân' la moarte.

150. Soarta popoarelor apucă întotdeauna pe mâini instruite cu mult înainte, nu-i un hazard. Spiritul, însemnează frunţile ce trebuie să poarte „coroana".

151. Oamenii fac din tine un „rege" pentru a te ciuguli nu pentru a te înălţa.

152. Când se votează legi care-ţi pun căluşul în gură, în straturile conducătoare s-au strecurat plante cu rădăcinile pline de bube.

153. Implicit copacul înalt şi plin de rod îşi revarsă bogăţia sa şi peste gard la vecini.

154. Adolf Hitler paranoic, nebun, dar să înnebuneşti o lume să te urmeze, asta ce mai este, fiindcă nebunia nu-i o boală molipsitoare?! Ah, previziunile lui Nostradamus…

155. Cel ce candidează la conducere trebuie să aibă pe faţă pistruii tuturor naţionalităţilor conlocuitoare pentru a fi un bun părinte. Numai atunci Dumnezeu îi va înălţa fruntea.

156. În faţa unui „rege" uşile se deschid şi se închid cu fineţe.

157. Ascultă-i şi pe alţii căci vei putea distinge „vocea" ta.

158. Jirinovschi e nemulţumit că la conducerea Cehoslovaciei este preşedinte un dramaturg, Havel. Cine conduce destinele personajelor sub ochii publicului, culegând aplauze confirmă calităţi de excelent conducător.

159. Biomagnetism de la un pol la altul al globului – muzică cântată de Pavarotti şi Placido Domingo.

160. Ştii ce înseamnă precizia gestului, după ce ai o fiinţă dragă în mâna chirurgilor.

161. M-am pensionat, dar în medicină nu depui armele până nu închizi ochii. M-am mutat pe ogorul spiritului. Ce ziceţi, în sectorul acesta se găseşte de lucru?

162. Degeaba vă ascundeţi de mizerie în aur şi castele,

suferința se poate concentra într-o dimensiune invizibilă numită microb, ce te găsește oriunde. Ridicați pe o treaptă „umană" vietatea de lângă voi, veți avea mulți sorți de izbândă.

MEDICINĂ

163. Cercetătorilor căsătoriți trebuie să li se dea încontinuu de lucru spre a nu îndrepta microscopul unul spre altul.

164. Geneticienii scoțieni au obținut prin inginerie genetică un măgar cu trăsături umane. Doamne, dacă are gândire umană?! N-are nici voce?! Desigur, i se urmărește comportamentul... Veți zice: tocmai măgarului s-au găsit să-i împrumute trăsăturile noastre?!

165. Încălțați grupa sanguină AB IV cu „conduri de aur", o specie umană evoluată, rezultată din combinația a doua grupe A și B posedând însușirile a două ființe, în același timp și va rezulta ultimul produs uman, pe scară evoluată. Deocamdată atât, din punct de vedere estetic...

166. Fumătorul devine om-baterie care se încarcă cu energie nicotinică. Cine îndură calm să i se treacă pe sub nas cununa de lauri este un înțelept...

167. Când un om te judecă îți ia boneta de pe cap! Apropo, medicii în timpul C.O.M. din care făceau parte tâmplarul și portarul...

168. Fiți atenți, un bărbat aparținând grupei de sânge AB IV a dat întâlnire la aceeași oră la două femei. Sărmanele, cu inima în pumn, au bătut la ușă în același timp amândouă. Spre a nu pierde pe niciuna, bărbatul a ieșit, a trecut pe lângă ele și a spus: „Nu vă cunosc" și a plecat să se plimbe în oraș de unul singur. Cunoscându-le ulterior eu, specialistul, am aflat că una avea grupa de sânge A cealaltă B...

169. Da, există și excepții, înzestrări umane combinate,

desigur şi dotarea intelectuală, dublă... dar „într-o dublă stea
e dublă dragostea, dar şi tristeţea grea".

170. Despre Vanga, oracolul bulgar:

Cei doi tuberculi superiori, care controlează la om procesul
văzului, au o adaptare neobişnuită, tuberculii nereuşind să
perfecţioneze un sistem de vedere, s-au specializat pentru un
mod de comunicare aparte, cam în genul visului treaz, unii
oameni visează colorat, printre care mă număr şi eu, deci vis
treaz, impulsionat de energiile transmise de cei ce o solicită.
Are un ecran, posibil pe principiul televizorului, în zona
visului, care se conectează la sursa de energie a solicitatorului
la care-i prezice. Da, domnilor, gândurile au o energie
recepţionabilă

171. Medicina este o ştiinţă severă şi gravă. „Dumnezeul" din
tine n-are voie să greşească.

172. A uita înseamnă a muri câteva mii de neuroni
responsabili cu memoria. Există, însă, şi cel de al treilea ochi
ce nu poate fi înşelat.

173. Sufletul nu-şi are sălaşul în inimă, nu există nici un spaţiu
unde ar putea avea lăcaş. Sufletul este combinaţia oxigenului
respirabil, specific fiecărei fiinţe, compus din „atomi" proprii,
generaţii de enzime şi hormoni, totul dirijat de sistemul
nervos. Da, chiar şi lumina conţine hormoni – extradiol, deci
la comenzile creierului are simţământ erotic, la acţionarea
adrenalinei de ură etc. Totul corelat de simţuri la comenzile
sistemului nervos.

174. Hipno-magnetismul este un vampirism energetic,
hipnotizatul căzând în tensiuni inferioare, uşor dirijabile şi
interogabile, pierzând controlul raţiunii.

175. Pentru a sălta într-o „dioptrie" superioară trebuie să ai
„putere" e inutil să-ţi aşezi pe nas ochelari de „distanţă".
Tonicitatea nervului optic – o bună carte de vizită.

RUTIERE

176. Iată și bicicleta, un frate vitreg de metal al felinelor luxoase, ce alunecă pe arterele rutiere.

177. Când ești polițist cu cordul sensibil, iubitor de poezie și piese de teatru, trebuie să circuli cu „farurile aprinse" fiindcă nu poți ști la care colț de scenă își poate intra în rol realitatea.

178. Fugi din fața omului violent, nestăpânit, este un vehicul fără frână.

179. Va veni oare o zi în care vom circula pe șoseaua existenței ca niște vehicule, respectând prioritatea adevărului și a dreptății?

180. Pe liniile ferate ale existenței, au pornit trenurile vieții, nu încurcați orele și liniile, impegați de mișcare, se pot produce accidente mortale.

181. Fiecare cu mașina lui a spus prietenul meu, eu cu cea de scris, el cu cea cu roți. Teamă-mi e să nu ajungă înaintea mea nemuritor.

182. Omul trebuia să o facă și pe asta, să-și construiască un Cain din metal: Mașina/ cordul-motorul, plămânul-vetilatorul, sângele-benzina, zilele-chenzina, gata oricând să-l arunce în fericire sau nefericire.

SPERANȚA

183. Până la 30 de ani am zis că speranța este coloana vertebrală a spiritului omenesc. Știți unde îmi recomandă Stanislaw Jerzy Lec să o găsesc? În garderoba din fața iadului sub inscripția: „Lasciate ogni speranza".

184. Prietenii m-au părăsit rând pe rând ca niște bani mărunți, într-un buzunar rupt. I-o fi găsind alții... Îmbogățească dar de acum viața altora. Pe viitor am să-mi cumpăr haine noi pentru

prieteni noi, cu lama sufletului netedă.

SUFLET

185. Este bine, după ce se umple capul cu cifre reci și ecuații cosmice, să ne clătim sufletul cu o infuzie plămădită din cuvinte.

186. Dacă fiecare te crede rudă a sa, cerându-ți să-l ajuți, nu ești cumva frate cu bunul Dumnezeu?!

187. Memorii scriu sufletele alese; n-am citit încă memoriile unui infractor.

188. Într-adevăr, sufletul unui scriitor genial este nemuritor; ca niște valuri ce izbesc un țărm, aripile atâtor suflete se lovesc de spusele lui... încontinuu, încontinuu, veșnic.

189. Avem aceeași origine: omul cu pielea albă, să nu aibă sufletul negru și să stea încălțat în bocanci cu ținte, pe spatele celui cu pielea neagră, fiindcă nu știe care din strămoșii lui geme sub picioare.

190. Cuvântul, culoarea și sunetul: „pietre luminoase", ce cad în fântâna sufletului mobilizându-l.

191. Prietenul meu M. îmi spunea că aforismele se scriu la bătrânețe și e un simptom că sufletul s-a uscat! Se poate usca ceva ce n-are „umbră"?!

192. Ah, iar v-ați urcat încălțați pe portativul inimii mele și după cum văd n-aveți greutăți de colibri!

193. Dacă ați ști că fiecare carte închide între copertele ei suflete, într-o bibliotecă v-ați comporta la fel ca într-un templu?

194. Sufletul meu să fi zburat într-atât, încât să fi străbătut distanțe astrale din generație în generație, viețuind, poposind prin mii de corpuri umane? Căci de câte ori vede pagina albă o pipăie ca pe un cearceaf, peste care ar vrea să poposească

pentru o clipă de răgaz.

195. Atâta timp cât nu publici, exişti ca un izvor din care bei numai tu, nu se izbesc de sufleul tău şi alte aripi.

196. În „pivniţa" sufletului tău am depozitat lumina, să nu-mi spui că ţi s-a volatilizat printre degete.

197. Iată, făclia sufletului meu va fi o vreme chiriaşa ta!

198. Mulţi îţi poluează sfera când eşti călăuză.

199. Un suflet superior este un bun comun al omenirii, ce nu poate fi claustrat, izolat, necesar vieţii, precum un izvor cu apă potabilă.

200. Tot ce e palpabil e taxabil, numai pe suflet nu-l poţi pune în jug.

201. Veniţi, veniţi suflete, atâta timp cât mai există cineva ce doreşte să stea cu mine de vorbă, nu mă pot duce „definitiv la culcare".

202. Toată averea ce o duci cu tine, călătorule, este concentrată în câţiva „atomi" invizibili, numiţi suflet.

203. Urcă, urcă suflete şi nu tot întoarce capul înapoi...

204. Nu toţi cei ce alergă au „torţa în mână".

205. Sus, sus cât mai sus, suflete, să nu te ude valul păcatului!

206. Fiecare plan spiritual cucerit îţi aduce implicit şi o răsplată materială. Există trei moduri de a ajunge la bunăstare: rupându-ţi oasele, încălcând legile şi prin harul unor talente. Inteligenţa te determină să lucrezi drept şi cinstit. Există şi o inteligenţă a geniilor distructive.

207. Doar natura şi spiritul sunt generoase, n-au sânge.

208. Ştiaţi că şi sufletul se poate împrumuta? Ei, dar cei ce o ştiu nu sunt întotdeauna îngeri.

209. Legile universului spiritual: Spiritul fiecărui sistem este concentrat în „atomi" ce se învârt pe o orbită proprie într-un sistem spiritual universal. Pe orbită se captează entităţi

spirituale care au afinitate față de spiritul „atomului".

210. Depărtările emit spre mine semnale Morse, iar lumina ce ar urma să se stingă are de pe acuma dureri.

211. Spiritul treaz hrănește celulele, ține flacăra vieții aprinsă și-ți iuțește pașii.

212. Spiritul are aripi, simți cum aripa-i se lovește de albastru.

TIMP

213. Viața e un ou în cuibul timpului.

214. Puterea a fost, de-a lungul timpului, o fiară, care a înghițit miliarde de vieți și suflete; aștept timpul când va fi o pecete pe degetul unui Om.

215. „Timpul înseamnă bani", banii înseamnă pâine, pâinea înseamnă suflet, sufletul înseamnă lumină, lumina înseamnă infinit, infinitul = Dumnezeu.

216. Bătrânii sunt ciungi, câte mai pot dori doar cu privirea.

217. Nu poți lega timpul la ochi, este o locomotivă în mers ce pufăie pe nări adevărul.

218. Fiecare clipă e unică, nu treci prin ea de două ori, deci „priviți privighetoarea cântă și liliacu-i înflorit".

219. Timpul nu-i femeie îndrăgostită în balcon, privind cavaleria rusticană, el îți întinde un taler să-ți pui banul de aur.

220. Îți pare că viața ta e o paranteză veșnică pe peretele vremii și că toată lumea e a ta, cu bucurii și tristeți. Nici nu observi că frunzele s-au scuturat și clopoțelul a sunat sfârșitul „pauzei", ci doar vezi cum cei vârstnici se încolonează definitiv la ușa tăcerii.

221. Culorile sufletului nu le șterge timpul.

222. Anotimpul și nuca:

Pe trunchiul copilului e o nucă de lapte, și e primăvară.

Pe al tânărului e o nucă verde, și e vară.

Pe trunchiul tatălui e o nucă coaptă, și e toamnă.

Iată, nuca bunicului începe să devină ușoară, și e iarnă.

223. Obișnuiește-te să faci în fiecare zi ceva necesar și util, în felul acesta ți se va părea întotdeauna sfârșitul zilelor tale departe.

VALOARE

224. Îmi ridic pălăria în fața oamenilor ce știu să pornească demni de la zero, după cum știu să stimez cifra 8, formată din două zerouri inseparabile ce exprimă o valoare.

225. Pentru un scriitor poezia reprezintă un test elocvent.

226. Coroana inteligenței prețuiește aur, dar nu o poți pipăi cu mâna.

227. Cel mai mare păcat e să sechestrezi „lumina" care ar putea hrăni suflete.

228. Cel ce presară perle șlefuite de „soare" este scutit de taxe vamale și teritoriale.

229. Președintele Franței François Miterand este apreciat de contemporani drept cel mai proeminent și luminos șef de stat actual. M-am bucurat nespus ascultându-i discursul presărat cu citate din scriitori.

230. Inteligența e un mareșal fără pistoale, iubitor de dreptate și adevăr și are întotdeauna oroare de sânge și moarte.

231. Să-ți continuu drumul printre titani și să nu te ții de fusta nimănui, înseamnă să ai și tu un gram de putere.

232. Când ai pierdut „tăria și greutatea valorii", zadarnic te mai așezi pe tron, nu se mai ridică nimeni în picioare.

233. Arta-i un fir incandescent ce dezgheață toate inimile și unește toate cugetele-n limbă internațională.

234. Ca să poţi coborî lumina în suflete umbrite, trebuie să înghiţi mai întâi o rază de soare.

235. Păsările s-au născut pentru zbor, lăsaţi-le să zboare nu le atârnaţi pietre de picior.

236. O operă de artă, o inovaţie însumează un efort incomensurabil ce-l poţi măsura numai cu ocazia reproducerii.

237. Două jumătăţi fac un întreg, dacă sunt identice.

238. Fiecare ajunge în faţa lui Dumnezeu pe propriile-i picioare.

239. Ridicaţi-vă cel puţin în picioare când trece pe lângă voi lumina.

240. Fiecare trebuie să-şi caute propriul scaun de pe care să nu-l poată nimeni ridica.

241. Perfecţiunea e covârşitoare, epuizantă, nu e dat omului să o poată duce, ţine de divin.

242. Gradul de nobleţe al aurului se exprimă în carate iar al omului prin karmă. Dacă există, are doar putere echivalentă în inteligenţă.

243. Eternitatea este o floare ce răsare pe portativul realizărilor, când o atingi cu gândul simţi pulsaţiile celor ce au creat-o.

244. Cei ce vorbesc mai multe limbi întind mai multe mâini spre viaţă.

DIVERSE

245. Nimic nu poate fi mai dureros decât sentimentul de nesiguranţă paternă, pari ca o stea venită din neant.

246. „Încercarea mării cu degetul", posibilitatea de a conştientiza faptul de a te fi născut, sentimentul este o

fracțiunea de lumină.

247. Numai cei ce procreează aud cum vin din spate pașii generațiilor.

248. Îmi plac oamenii care-l caută sincer pe Dumnezeu, nu-s lipsiți de calități. Ah, Kazantachis, ce adresă îndoielnică mi-a dat în cartea Jurnal către El Greco!

249. Patru cercuri colorate se învârt în viața omului, ca patru anotimpuri: verde, galben, mov și alb. Nu ești niciodată singur. Dumnezeu locuiește în tine, altfel, ca un demon, singurătatea te-ar devora.

250. Nu exploatați copiii, viitorul circulă prin venele lor.

251. Unor oameni creierul le „suge picioarele" și aceștia nu au cu ce umbla pe pământ.

252. Când ești dator, ești slugă în propria casă.

253. De pe ghemul semidoctului se deapănă întotdeauna două fire: răutatea și prostia.

254. Chirurgii nu prea sunt buni conducători de suflete, ciocnesc prea des ideile de bisturiu, tot mai buni sunt interniștii care analizează firul de păr „fără mănuși".

255. Există un gen de oameni ce țin neapărat să se scoată la licitație spre a-și cunoaște prețul. Nu-i cumpăra sau alege din categoria celor ce tac.

256. „Da, și contele avea în salonul de primire stâlpii susținători vopsiți cu un strat de aur de 2 mm grosime, iar pe degete o simplă și banală verighetă".

257. Când o porniți la drum împingeți „stelele" înainte spre a vedea „poteca", nu plecați singuri, vă puteți rătăci.

258. Nu faceți din nimeni „treaptă" pe care să puneți piciorul și înălța, vă poate vedea, pierdeți tot, pierdeți stima.

259. Toată lumea de la mic la mare, de la A la Z e ocupată cu „povestea vorbei". Ce bine ar fi să fim cu toții literofagi.

260. Dumnezeu nu are formă materială, este viu și locuiește în

sufletele geniilor bune, după cum Satana locuiește în spiritul geniilor rele. Ne conectăm precum undele de emisie-recepție la acest creier viu al divinului.

261. Puterea binelui este incomensurabilă; pe traiectoria ei se înscrie conștiința Terrei.

262. Nu fotografiați, vă rog, răni sângerânde, e dureros și inestetic în același timp.

263. Când îți vinzi și pantofii din picioare, ce mai poți spune despre viitorul tău?

264. În întâmpinarea lui Dumnezeu trebuie să faci pași. N-are nici el mai mult de două picioare.

265. Ca să fii auzit de Dumnezeu este nevoie să înveți și limbi străine.

266. Poezia este un mugur pe un trunchi copt. Ea cere sinceritate și candoare, de aceea se spune că artiștii au suflete de copii. Înscriindu-se pe făgașul aspirațiilor morale ea reprezintă un etern ideal. Iată, de ce însetații de viață o caută cu aviditate spre a-și ostoi sufletul: ozon și oxigen, soare și balsam pe aripi, iar în urechi muguri cruzi desfrunzindu-se.

267. Fiecare ființă e un „bec" ce arde cu propriul său număr de wați.

268. Lumina-i generoasă, se revarsă fără comentarii.

269. Sub razele fierbinți ale timpului, omul este un strat gingaș de zăpadă. Dacă produsul minții sale n-ar fi și al forței.

270. Nu orice chibrit îți aprinde fibra, transformând-o-n flacără.

271. Nu accepta în viață să fii un simplu „catran" pe care cei interesați să-și aprindă pipa...

272. Dumnezeu dacă s-ar fi lăsat fermecat de culoare nu ar mai fi creat omul. De ce ne-om fi îndepărtat de perfecțiune, tributari unei picturi ideatice, când ideea aparține cuvântului?!

273. Nu oprimați „lumina" învelind-o în „folii de întuneric";

este de ajuns o fisură să-și proiecteze toate lacrimile pe cer.

274. Gândirea unei etnii este un lapte de mamă comun.

275 Prin arta poti vedea viata intr-o clipa, daca ai ARIPA

276 Omul i ca un tunel prin care curg cele rele si cele bune
....

277 Matematica pipaie existenta si timpul plasindu-ne pe o orbita reala .

278 Nu toti cei ce pun degetul pe rana stiu ce- i in profunzime ....

279 Fizica alearga desculta dupa Dumnezeu incercind sa- i smulga cite un secret .....

280 Muzica ;sunetul ce te inalta la cer si –ti certifica existenta
....

281 Pictura ,o oglinda in care te poti vedea .

282 Lasitate ? Si melcul are coarne si nu impunge cu ele ....

283 SMERENIE ;Priviti elefantul dus de funie de un copilas !!!!....

284 Ce este o maxima ?o picatura de inteligenta in care se oglindeste o lume !

285 Singuratate ; vai de cel ce nu are unde se duce ca sa aiba de unde veni ....

286 Toate inceputurile sint tulburi ,le lumineaza interesele ....

287 Sufletul omului vine dintr-o sfera comuna si se duce intr- o sfera comuna , la creator ,caci nu –mi pot explica ,cum bucuria comuna ,vindeca si in particular ...

288 Luati aminte ! Cel stapin peste cuvint ,nu-I un neica in vint !!

289 O tona este egala cu 100 de grame , atunci ,cind un soricel se apropie de un elefant si-i roade funiile eliberindu-l din captivitate .!!

290 Imediat dupa cuvint a aparut si omul sa populeze pamintul si ingrijeasca POMUL .....

291 Speranta;o ancora ce o arunci din larg spre un tarm spre care inoti sa l ajungi .....

292 Arhiopterix si a lasat amprenta in galina domestica ce ne serveste oua comestibile la masa timpului .

293 Credinta este lumina in jurul caruia s-a strins specia umana .spiritul este ochiul adevarului care sa deschis spre a se minuna ....

294 Viata pare un stufaris miraculous ,asupra caruia creatorul veghiaza cu foarfeca ,dindu- i forma dorita !..

Umanitarismul pare o melodie frumoasa cantata de suflete caritabile pentru urechile durilor ,infundate cu vata .

295 Nebunia planetei ;Sa continui , zi se zi sa –ti torni in propriul plamin poluare si moarte !!!!

296 Daca am fi constiienti si am iubi viata am pansa si floarea din gradina ....

297 Ce frumos ! doar papa Francisc cunoaste adresa exacta a divinului ,caci si a schimbat inelul de aur papal cu unul de metal de citiva lei ....

298 Experienta; Cred in drumurile batatorite care-mi arata directia de mers.

299 Cea mai grava maxima; Auschwitzul si razboiele .

19.05.2016 Timisoara